Effet

des

FORTS DÉTACHÉS.

PARIS-FRANCE,

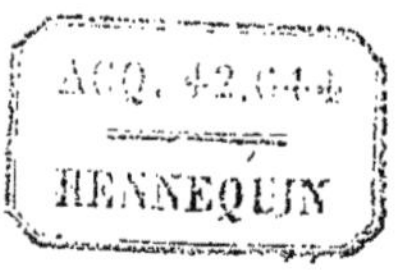

PAR UN ANCIÊN ÉLÈVE DE L'ÉCOLE POLYTECHNIQUE.

PARIS.

CHEZ BOHAIRE, BOULEVARD DES ITALIENS.

1841

SECTIONS

PARIS—FRANCE.

Génie de la loi Thiers.

Le génie de la loi Thiers, c'est la duplicité. La duplicité de la loi Thiers réside dans son mécanisme, également habile à fonctionner contre l'étranger et contre la ville de Paris.

Voici ce mécanisme à double fin.

Nos hommes d'état avaient remarqué qu'à l'esclavage, si commode en matière de gouvernement, avait succédé, non la liberté, mais les alternatives de la révolte et de la soumission. La soumission, personne ne s'en plaint; mais la révolte est chose gênante. *Il y avait là quelque chose à faire.* M. Guizot a défait la seconde révélation; il est apparu armé d'un résumé mathématique du Pentateuque : *La paix partout! la paix toujours!* courbez-vous, quoi qu'il arrive !

En reculant de sept siècles, ce système aurait

eu du bon ; malheureusement la France a mis le pied dessus.

Alors, M. Thiers s'est levé : il a proposé de tempérer la paix Guizot par... la guerre! et la lumière était faite !

La lumière est un logogriphe érigé en système sans qu'il soit donné à personne d'en prévoir le dernier mot. C'est *la paix armée!* c'est la soumission dans la résistance! Courbez-vous; mais portez la tête haute!

Le progrès est palpable : au lieu de *la paix à genoux* que nous vaut un gouvernement armé, nous aurons *la paix armée* que nous prépare un gouvernement à genoux : au lieu de la politique philosophe, qui recule en professant le mépris des frontières, nous aurons la politique fanfaronne qui sonne la charge en reculant.

La combinaison belliqueuse qui doit tempérer la paix-Guizot est une enceinte continue, formée, comme celles du moyen âge, des alternatives du bastion et de la courtine; mais accessible à l'intérieur, et devant, par cette raison, rester désarmée en temps de paix. La combinaison pacifique, tempérée par la guerre-Thiers, était, est encore, une enceinte non continue, formée des alternatives du fort clos, toujours armé, et des feux croisés toujours possibles. Cela s'appelle un système de défense, et cela doit défendre, dans la nationalité de la ville de Paris, la nationalité des quatre-vingt-six départemens.

Voilà ce que nous a dit M. Thiers; l'inadvertance ou la malice de M. Guizot nous a dit autre chose.

Après avoir examiné le système de *paix armée,* après avoir déclaré qu'il l'appuierait de toutes ses forces, M. Guizot s'est hâté de confier au public que M. Thiers avait retenu la vérité sous le gobelet. Lisez l'indiscrétion prononcée, à la Chambre des députés, le 26 janvier : elle vous apprendra que *l'Europe voit une garantie de paix dans les canons de M. Thiers !* En argot doctrinaire, l'Europe veut dire l'étranger. Ce n'est donc pas contre l'étranger que M. Thiers fait de la fortification ! Non, c'est contre nous; c'est contre le pays de Charlemagne, de Louis XIV et de Napoléon, noble pays qui a cessé de compter en Europe depuis que sa fortune est régie, tantôt à l'étranger, tantôt sur la corde raide ! Et, remarquez-le bien, M. Thiers, présent, n'a pas répudié cette étrange apologie : sur ce point, il y a force de chose jugée.

Du reste, le fait le plus inouï n'est pas la trahison qui se prépare ; c'est, premièrement, qu'il se soit trouvé un Français pour étayer la trahison Thiers de cette considération que l'étranger lui donne son assentiment ; c'est, en second lieu, qu'il se soit trouvé une Chambre française pour écouter une telle argumentation ; c'est, enfin, qu'il se soit trouvé un ministre, né en France, pour déclarer publiquement que le cabinet de France, après s'être tourné vers Paris, parce que l'étranger lui défendait de remarquer nos frontières démantelées, avait dû, avant de fortifier Paris, se retourner vers l'étranger pour lui dévoiler la mystérieuse vertu de la robe de Nessus ! Malheureux ! que ne disiez-vous tout simplement à la Chambre :

« Messieurs, vous voulez la paix sous les armes ;
» la seule arme qui puisse s'allier à la paix, c'est
» une forteresse administrative. En 1540, la ville
» de Gand, berceau de Charles-Quint, s'étant per-
» mis d'invoquer le privilége, à elle acquis de temps
» immémorial, de s'imposer par ses propres man-

» dataires, Charles-Quint, après avoir fait pendre
» deux douzaines de bourgeois, fit bâtir, aux frais
» des autres, une citadelle administrative. Le mi-
» nistère vous propose de faire, chez vous, ce qu'a
» fait, chez lui, l'empereur citoyen de Gand. »

A coup sûr, mieux valait cette allure audacieuse
que le procédé immonde de MM. Thiers et Guizot :
la trahison se serait accomplie en famille, et chacun aurait su ce qu'il avait à faire.

Quoi qu'il en soit, nous connaissons le piége
tendu, de compte-à-demi avec l'étranger, et sur
lequel on a placé l'emblême jadis glorieux de
notre nationalité. C'est de la politique en partie
double, et de la castramétation en partie double : c'est de la politique fonctionnant pour et
contre, et de la castramétation fonctionnant pour
et contre : c'est de la politique ayant mission
apparente de protéger la loi du pays, et mission
secrète de l'infirmer ; et de la castramétation ayant
mission apparente de faire triompher la France,
et mission secrète de faire triompher les ministres : c'est de la résistance apparente dans la soumission réelle ; et comme tout cela est censé tourné

vers l'étranger, c'est la guerre dans la paix ; c'est *la paix armée !*

Ce concours de deux élémens hétérogènes, fonctionnant l'un et l'autre à deux fins, donne à la machine Thiers un caractère infernal ; mais, à l'œil nu, le caractère infernal disparaît sous un papillotage qui, bien que compromettant, permet de confectionner la machine à la face du soleil. C'est le mérite de la découverte. Le système Guizot était tout simplement le règne du sceptre sans velours. Là, rien d'équivoque : un bâton a deux bouts ; il n'a pas deux fins. La courbure absolue a d'ailleurs un inconvénient ; dans une telle situation, le sang porte facilement à la tête. Avec le système Thiers, rien de semblable n'est encore à craindre. A ceux qui se plaignent d'être trop courbés, on répond : « Attendez la fortification, » vous porterez la tête haute. » A ceux qui trouvent que nous portons encore la tête trop haute, on répond : « Attendez la fortification, ils se » courberont. » Il faut être juste : dans cette circonstance, le génie de M. Thiers a dépassé celui de son ancien rival de toute la distance qui sépare le gouvernement à bras du gouvernement à la mécanique.

Par quel moyen la machine Thiers doit-elle accomplir la périlleuse mission de se tourner contre nous ? M. Guizot ne s'est pas expliqué à ce sujet : il a signalé le fait de la trahison sans dire comment la trahison doit s'accomplir. Nous le saurons sans le secours de personne; le mutisme de M. Guizot, à cet égard, ne prouve que son ignorance des choses de la guerre.

Je me trompe : il prouve aussi que l'inventeur de la paix armée n'a pas tout dit à son nouveau confident.

Mais ce qui élève la dextérité de M. Thiers au-dessus des plus audacieux machiavélismes, c'est le procédé, à découvert, au moyen duquel il prétend obtenir le placement de sa marchandise. Vous connaissez la marchandise; vous allez connaître le procédé.

Partez de cette donnée secrète qu'il faut mettre le sort de Paris dans la main des ministres. Vous n'êtes pas de taille à faire accepter, comme moyen de gouvernement, douze lieues de murailles et le cercle de feu des forts détachés. Eh bien ! rappelez-vous que la parole a été donnée à l'homme pour dissimuler sa pensée : adressez-vous à la ville de Paris; galvanisez, dans sa personne, l'amour de la patrie et l'horreur de la domination étrangère, et quand l'exaltation de la patiente lui aura troublé la vue, renfermez-la au profit de la toute-puissance ministérielle, en jurant que vous l'entourez au profit de l'indépendance nationale. Vous avez sous la main le thème tout fait de M. Thiers. Dites à la ville de Paris : « Pour mettre l'existence politique de » la France à l'abri des éventualités d'une invasion, » il serait naturel de relever et d'armer ses fron- » tières ; mais l'étranger nous le défend. A vous » donc l'honneur de revêtir la cuirasse de notre » nationalité ! » Paris baisse la tête en criant : Vive la France ! et vous lui passez la camisole de force en criant : Vive la liberté !

La loi Thiers devant la Chambre des Députés.

La donnée officielle de la loi Thiers est entrée triomphalement à la Chambre des Députés; la Chambre a pris, pour la France, la nationalité qui doit se concentrer dans Paris, et la frontière politique qui doit se concentrer autour.

Cependant, puisque cette étrange fiction peut devenir chose ferme et stable, il eût été convenable d'en étudier les conséquences. La Chambre sait-elle, par exemple, en quoi et comment l'interruption de l'action gouvernementale, pendant le siége, accroîtra l'énergie de la défense commune?

Il est vrai qu'en se montrant facile sur le principe, non moins menaçant pour les départemens que pour nous, la Chambre, à l'instar du projet, a concentré sa sollicitude dans Paris. Qu'est-il arrivé de cet amoindrissement des choses et des facultés?

Il est arrivé que le principe, adopté les yeux fermés, a été mis en accusation dans ses effets secondaires; il est arrivé que le système, accueilli comme mesure de salut public, a été soupçonné de cacher de menus piéges; il est arrivé qu'ayant donné l'*exequatur* à la pensée politique, la Chambre a dû chercher les menus piéges dans la pensée militaire; il est arrivé que d'une haute question d'État on a fait une question de sergent d'artillerie ; il est arrivé qu'au lieu de s'enquérir des dangers que doit apporter la fiction d'une frontière intérieure, on a demandé à des embrasures de quel côté elles étaient tournées ; il est arrivé que la Chambre, après avoir laissé échapper la question politique qu'elle pouvait et qu'elle devait résoudre, s'est allée heurter à des minuties placées en dehors de sa compétence : il est arrivé, enfin, que, pour sortir la Chambre de cette impasse, *le cœur a dû venir au secours de l'intelligence* (*Siècle* de M. Thiers, du 30 janvier) : l'intelligence a gardé ses appréhensions militaires, et le cœur a voté pour la loi.

La loi Thiers devant la logique.

Si l'esprit de la loi Thiers était écrit dans le texte, la loi serait aujourd'hui dans la tombe où l'aurait précédée la dextérité de l'auteur. L'auteur ne fait pas de telles écoles : en homme qui connaît l'art de dorer la vérité, il a recouvert son but hostile d'un but attrayant, mais illusoire. Celui-ci, étincelant de patriotisme, est seul installé dans le texte de la loi ; c'est en même temps, le masque et l'appât de la pensée liberticide retranchée dans les entrailles.

Mais la pensée liberticide ne peut être légalement accusée sous le masque ; derrière cet abri, elle n'a besoin pour sa défense que d'une simple négation. Il n'en est pas de même du masque ; car il est écrit dans la loi.

Pour atteindre la pensée hostile, il faut donc lui ôter son masque, et, pour cela, il faut s'en prendre au masque lui-même. Le masque, c'est le principe admis, sans examen, par la Chambre des Députés ; c'est la combinaison officielle qui se prétend tutélaire ; c'est l'idée, pour défendre notre nationalité, de faire entrer la France politique dans Paris ; c'est l'idée d'ajouter à nos limites matérielles, une limite politique ; c'est l'idée d'établir, dans l'intérieur de la France, une petite frontière à l'usage de sa nationalité. Si cette combinaison fantastique est reconnue malfaisante ou seulement absurde, le masque tombe, et la pensée liberticide apparaît au grand jour.

La question à résoudre est donc celle-ci : *Le système Thiers peut-il venir en aide à la nationalité de la France ?*

Ce procédé qui, seul, peut atteindre la pensée secrète du projet Thiers, est l'antipode du procédé-impasse, employé par la Chambre des Députés. La Chambre, croyant sur parole que le masque tutélaire de la pensée secrète était tutélaire de notre nationalité, a borné sa tâche à l'inspection des broderies ; il fallait lever le masque et regarder dessous : la Chambre, croyant sur parole à l'utilité d'une frontière politique, s'est émue à l'aspect de quelques exigences de la castramétation ; il fallait s'enquérir de l'utilité de la frontière intérieure, aux deux points de vue de la politique et de la guerre.

La frontière intérieure considérée dans ses effets politiques.

Voici la proposition de M. Thiers : c'est un syllogisme en règle ; c'est le masque qui attire par les apparences combinées du patriotisme et de la logique.

« La nationalité de la France doit être défendue
» à tout prix : or, le gouvernement porte, de moi-
» tié avec son siége, la nationalité des quatre-vingt-
» six départemens ; donc, en vue des éventualités
» d'une invasion, Paris doit être fortifié. »

La majeure est noble ; *la mineure* est paradoxale ; *la conséquence* est absurde.

On aperçoit de prime abord la portée du paradoxe qui subordonne les destinées de la France à celles du gouvernement. Il faudrait se borner à sourire de cette invention s'il n'en pouvait résulter que des joies domestiques ; mais elle tend à détourner de ses voies naturelles la défense commune du pays et du gouvernement. A l'appui du paradoxe courtisanesque, on invoque deux souvenirs néfastes qui prouvent précisément le contraire de ce que l'on veut prouver. Qu'est-il arrivé en 1814 et 1815 ? après d'immortels efforts, la France a été vaincue. A-t-elle été partagée ? non ; elle a été morcelée sur l'une de ses frontières. A-t-elle été morcelée par cette seule raison que l'étranger était maître de Paris ? non ; elle a été morcelée parce que l'ennemi occupait matériellement le territoire qu'il a gardé. Pense-t-on que son action morale, dans Paris, pût seule amener le morcellement? Dans cette hypothèse, les maçonneries de M. Thiers seraient inutiles à double titre : premièrement, parce qu'on n'a pas l'intention de mettre Paris au secret ; en second lieu, parce que l'invasion morale qu'on feint de redouter est accomplie de fait. Jamais l'étranger n'a disposé des ministres de la restauration comme il dispose de M. Guizot. Quand M. de Villèle entrait en Espagne pour éviter de se défendre sur le Rhin, il voilait une faiblesse par une injustice : la morale n'était pas satisfaite ; mais, au point de vue politique, mieux vaut une injustice belliqueuse qu'une paix à genoux. — Le pont d'Iéna, on se le rappelle, a été refusé au roi de Prusse entouré de son armée : M. Guizot le refuserait-il à une note menaçante de M. de Werther?

Il faut donc le reconnaître : le contact de l'étranger souille notre nationalité, mais ne peut la compromettre sans qu'au préalable, la conquête matérielle ait préparé les voies à la trahison. Sans la conquête du sol, le gouvernement fût-il matériellement à Saint-Pétersbourg, la France resterait intacte ; c'est la frontière de France et non celle de Paris qui protége notre nationalité.

La conséquence du syllogisme patriotique tend à renfermer le gouvernement à l'approche de l'ennemi. C'est la plus colossale des absurdités; elle ne peut avoir pour elle qu'un malentendu, une intelligence sans momens lucides ou un but secret.

Il faut bien admettre qu'aux avantages de la clôture, seront attachés les inconvéniens de l'investissement et du blocus. Je ne parle pas des dangers du siége; la question n'est pas là. M. Thiers ne peut répudier les inconvéniens de l'investissement et du blocus, sans démolir de ses mains l'abri muré qu'il offre au gouvernement; il est incontestable que, si le gouvernement doit s'éloigner à l'approche de l'ennemi, Paris ne doit être défendu qu'au point de vue militaire. Paris devant être défendu au point de vue politique, je demanderai à M. Thiers où réside le gouvernement à renfermer pour notre utilité politique. Réside-t-il dans les personnes chargées de faire la loi, ou dans la personne chargée de la faire exécuter, ou dans les personnes chargées de l'exécution directe? Si précieux que soit un pouvoir abstrait, la France peut, sans forteresse nouvelle et sans forteresse aucune, le mettre à l'abri des éventualités d'une invasion. Je suppose qu'il s'agit ici de l'action législative des Chambres et du roi, de l'action exécutive de la couronne et de l'action purement gouvernemen-

tale des ministres. Est-là ce que l'on veut renfermer dans l'intérêt de notre nationalité? Je reconnais que le pouvoir législatif peut fonctionner
utilement sous le canon de l'étranger; en serait-il
de même sous le canon du pouvoir exécutif? Je le
nie; mais la difficulté est plus saillante ailleurs.
Que le pouvoir législatif soit libre ou emprisonné,
son œuvre, dans tous les cas, doit être vivifiée par
l'une de ses branches, par la couronne, à laquelle
est inhérente le pouvoir d'exécution. S'il arrive que
le pouvoir d'exécution soit emprisonné, les points
placés en dehors de la prison resteront, s'ils le
peuvent ou s'ils le veulent, sous l'empire des lois
antérieures à l'emprisonnement; mais, pour eux,
fût-elle une mesure de salut public, la loi nouvelle
n'existera pas.

Voilà pour la loi; l'inconvénient est bien autre
par rapport au pouvoir dirigeant. Qu'est-il ce pouvoir dirigeant qui, à double titre, doit se laisser
bloquer dans l'enceinte continue? C'est l'âme de
notre unité politique; c'est le cœur qui fait cir-
culer la vie dans toutes les parties du corps social;
c'est le moteur de notre action collective; c'est la
providence humaine qui met à la disposition de
tous la force et l'intelligence de tous. Visible ou
invisible, immédiate ou médiate, l'action gouvernementale doit être incessante partout où il existe
un intérêt commun. Si, contre la volonté du gou-

vernement, son action s'arrête sur un point quelconque du domaine public, le gouvernement est incapable; si l'action gouvernementale est suspendue par la volonté du gouvernement, la trahison est possible; la trahison est manifeste si, par le fait du gouvernement, son action s'arrête en présence de l'ennemi.

M. le premier ministre passé et futur a confondu la personne du roi, son action gouvernementale et notre nationalité; c'est-à-dire le prêtre, le culte et la religion : il veut, dit-il, protéger la religion, et, à cet effet, il ne trouve rien de mieux que d'empêcher le prêtre de dire la messe !

Suivons ce procédé dans ses conséquences inévitables.

Selon le projet, notre nationalité sera garantie dans la personne de son représentant suprême, qui se trouvera hors des atteintes de l'ennemi, mais sous son verrou. Ce mode de conservation va, directement et en même temps, contre le but qu'on nous propose et contre celui qu'on se propose; il tend à compromettre du même coup notre unité politique et l'existence politique du chef de l'État. Quand vous aurez emprisonné le roi; quand le gouvernement sera bloqué; quand l'action gouvernementale aura cessé en dehors des murs de Paris; lorsque enfin les départemens, abandonnés à eux-mêmes, seront privés de tête, c'est-à-dire de la

pensée culminante qui, seule et partout, peut relier des forces éparses, où irez-vous chercher les
facilités que vous promet notre décollation politique? Vous n'en savez rien. Eh bien! je vais
vous dire où vous les trouverez. Quand le gouvernement sera bloqué dans Paris; quand Paris
sera devenu, non le royaume de France, mais le
royaume de Paris; quand les départemens abandonnés auront perdu le centre de l'action commune, leur premier soin sera d'en créer un nouveau pour leur usage exclusif; la défense du
royaume de Paris ne sera plus pour eux qu'une
affaire de seconde importance, une affaire de
bon voisinage. Il y a plus : l'intention du gouvernement étant connue d'avance, vous pouvez
compter qu'on n'attendra pas l'investissement de
Paris pour se concerter sur le choix des membres
et les conditions d'existence du gouvernement éventuel. Ce travail de salut public commencera à
l'heure même où l'on mettra Paris sur le pied de
guerre, parce que l'action patente du gouvernement central révélera à tous l'approche d'un danger, danger que chacun comprendra à sa manière,
mais que les ministres seront forcés d'expliquer
par des symptômes d'invasion. Au dehors, comme
au dedans, tout sera prêt, aussi bien pour une
éventualité que pour une autre : on aura créé et
organisé, sur le papier, le gouvernement éventuel

chargé de fonctionner au profit des quatre-vingt-cinq départemens à partir du jour où l'autre, délaissant cette portion de sa tâche, se bornera à fonctionner pour le royaume de Paris. Notez que ce gouvernement éventuel ne sera pas tenu de se cacher dans l'ombre; car il aura ses racines dans une loi de l'État. A l'heure de la crise, et à raison des embarras inévitables de tout établissement naissant, son action remplacera avec un immense désavantage l'action gouvernementale interrompue; mais au point de vue de la défense du pouvoir royal, le gouvernement des quatre-vingt-cinq départemens pourra devenir d'autant plus redoutable que, légal, sans émaner du roi, il disposera de forces supérieures à celles du roi. Votre premier coup de canon lui donnera la vie réelle que vous lui ôterez difficilement si Paris succombe, et que vous ne lui ôterez pas si vous avez tiré mal à propos.

Ainsi, bien loin de servir quelqu'un, le système Thiers est menaçant pour tout le monde. Il commencera par s'infirmer lui-même; car le gouvernement de salut public, qui, au point de vue de la défense commune, l'emportera de beaucoup sur le gouvernement emprisonné, aura sa rationalité dans les inconvéniens de l'enceinte continue : le système Thiers affaiblira ensuite quatre-vingt-cinq départemens, et finira par donner au gouvernement du roi la compétition, patente et légale, d'un gouvernement provisoire !

Ne répondez pas que le gouvernement bloqué retiendra sa puissance extérieure par le fil du télégraphe ; l'ennemi, qui aura pu arriver devant Paris, saura bien se procurer une paire de ciseaux.

Et c'est pour protéger de pareilles énormités que l'on met en avant le grand nom de Napoléon ! Qui donc êtes-vous pour affirmer à la France que l'empereur, vivant, approuverait votre projet ? Osez le déposer sur sa tombe ! osez dire à l'ombre de Napoléon que, l'étranger vous empêchant de relever Huningue, vous allez, pour vous entretenir la main, le refaire à Charenton ! osez dire à l'épée qui a vu naître cent mille décrets impériaux qu'en présence de l'ennemi, le pouvoir suprême doit se croiser les bras ! N'équivoquons point : il ne s'agit pas ici du commandement de l'armée que le roi peut remettre à qui bon lui semble ; il s'agit de l'action législative et de l'action exécutive de la couronne. Entendez-vous aussi déléguer cela ? Dans ce cas, je le reconnais, le vice-roi infirmera de droit et remplacera de fait le gouvernement provisoire des quatre-vingt-cinq départemens ; mais il n'est pas certain qu'en présence de l'ennemi, le mandat donné derrière un mur puisse remplacer moralement l'élection populaire. Ce qui est certain, c'est que, pour pouvoir remplir sa mission, le vice-roi devra se soustraire aux bienfaits de la frontière intérieure. Alors l'enceinte tutélaire de notre nationalité ne couvrira plus qu'un pouvoir abstrait.

Mais en matière de pouvoir, l'abstraction est le commencement de la mort : si le défaut de centre compromet l'action collective, le défaut d'action met en péril le pouvoir collecteur. Le monde est couvert des débris de l'abstraction. La royauté, dite fainéante, s'est évanouie dans l'abstraction : le roi régnait, et le maire du palais gouvernait. Le maire de Childéric III gouverna si bien qu'il finit par enfermer le pouvoir abstrait du roi dans l'enceinte continue d'un monastère ; le lendemain, le roi s'appelait *Pepin le Bref*. La royauté d'origine féodale s'est éteinte comme la royauté fainéante : Charles X régnait, et son maire gouvernait. Son maire gouverna si bien qu'il finit par enfermer le pouvoir abstrait du roi dans des ordonnances inconstitutionnelles ; le lendemain, la couronne était vacante. Si ces souvenirs n'étaient plus dans la mémoire de M. Thiers, il peut mettre la main dans sa poche ; il y trouvera la théorie du découronnement par voie d'abstraction, *le roi règne et ne gouverne pas*. C'est lui-même qui l'a introduite dans les doctrines actuelles sans remarquer qu'en présence de la **Charte**, elle devait être remplacée par cet autre : *Le roi règne* FICTIVEMENT *et ne gouverne pas* SEUL. Il est vrai qu'à l'aide de cette distraction on peut caresser de la même main Louis XIV et Robespierre.

J'ai dit les conséquences politiques du système Thiers. On voit qu'en présence de l'étranger , le protecteur de la patrie et de la royauté ne laisse à la royauté et à la patrie que le choix des moyens à employer pour échapper à sa protection : or, le système Thiers ne peut fonctionner légalement qu'en présence de l'étranger ; donc, ce vertueux système est condamné, par sa nature, à ne rien faire ou à faire du mal; donc, il est absurde.

Pour contester cette proposition, il faut admettre que la réclusion du gouvernement est un moyen de gouvernement ; qu'on peut développer l'énergie du corps social en arrêtant temporairement la circulation de la vie politique; en un mot, que la strangulation momentanée est un moyen de salut.

Si *le cœur* de M. Thiers peut introduire de telles choses dans son intelligence, ma proposition tombe; mais l'absurdité acceptée par M. Thiers apparaît sur son masque. Voici ce que devient alors le syllogisme (1) qui racole pour le vertueux système :

(1) Voyez page 15.

« La nationalité de la France doit être défendue
» à tout prix : or, l'action centrale du gouverne-
» ment féconde l'action collective des quatre-
» vingt-six départemens ; donc, en présence d'une
» invasion, il faut arrêter l'action gouvernementale
» aux barrières de Paris ! »

*La frontière intérieure considérée dans
ses effets militaires.*

Par cela seul qu'il s'agit de renfermer dans
Paris notre nationalité et le gouvernement, on
suppose que Paris peut devenir une forteresse
imprenable : j'en demande pardon à la supposi-
tion ; mais il n'y a pas de forteresse imprenable. Du
reste, j'admets, comme hypothèse, que le pouvoir
dirigeant peut se renfermer à l'approche de l'ennemi. J'admets aussi qu'il doit se renfermer dans
son siége actuel, et même, si on l'exige, que le
gouvernement est une propriété matériellement
incommutable de la ville de Paris.

A ce point de vue, l'enceinte de Paris contient
deux choses à défendre, le pouvoir central et la
ville. En présence de l'étranger, la chose de tous
doit être défendue par tous et à tout prix ; on
peut, sans manquer de patriotisme, et *on le doit
si on le peut*, limiter l'énergie des moyens à employer pour protéger des familles et des propriétés.

L'hypothèse de l'incommutabilité l'a emporté
sur cette considération : le projet amalgame les
deux choses à défendre ; il enchevêtre deux destinées, celle de la France et celle de Paris, qui,
dans leur importance relative, sont l'une à l'autre
comme 35 est à 1. Cette confusion admise en prin-

cipe, il devenait indispensable, non seulement de donner une solution unique à deux questions de natures dissemblables, mais d'appliquer à l'amalgame, et conséquemment à la chose privée, les mesures extrêmes qui pouvaient convenir à la chose nationale. C'est précisément ce qu'on a fait, parce qu'on a bâti logiquement sur un paradoxe. Là se trouve, non le fait le plus anormal du projet, mais l'anomalie la plus saillante aux yeux qui n'ont souci de politique. Dans cet ordre d'idées, on se place au point de vue officiel, c'est-à-dire au point de vue de la défense commune, et l'on se demande, d'abord, si la tâche imposée à la ville de Paris n'est pas trop lourde par rapport à celle des départemens ; en second lieu, si les misères que l'on prépare à la ville de Paris peuvent suffire à sa tâche.

Ainsi, la ville de Paris, qui n'est pas le but avoué de la loi, qui n'a pas sa pensée officielle, apparaît uniquement pour compliquer la défense commune. M. Guizot disait, le 26 janvier : *Mettez le gouvernement hors de cause, et vous éloignez le danger.* Il devait ajouter : Mettez, le cas échéant, le gouvernement hors de Paris, vous le mettez hors de cause, et le projet que je vous recommande s'évanouit devant la réprobation générale.

Mais il y a plus : les partisans du projet ne s'entendent même pas sur le choix des expédiens qui doivent compléter la vertu défensive de Paris. Selon les uns, l'or aplanira tous les obstacles; selon les autres, si la ville de Paris ne suffit pas aux nécessités d'une défense opiniâtre, elle puisera dans un exemple mémorable la compensation héroïque de sa faiblesse relative.

Les uns et les autres se trompent : ces obstacles, que l'on croit renverser, soit à coups d'impôts, soit par un coup de tête auquel je donnerais un autre nom s'il pouvait être utile, ne disparaîtront devant aucun sacrifice ; car ils tiennent à deux circonstances de force majeure, à la présence d'une population considérable et à l'étendue de la surface qu'elle occupe.

Assurément, rien n'empêche, d'une manière absolue, d'entourer Paris des murs de Troie, et d'approvisionner pour dix ans ses bouches à feu et les autres ; mais je raisonne au point de vue du sens commun, et je soutiens que Paris, entouré de tous les ouvrages permanens que le génie militaire pourra inventer, sera toujours la plus vulnérable de nos places fortes. Je me charge d'autant plus volontiers d'en apporter la preuve, que je rencontrerai dans mon chemin *quelque chose dont M. Thiers n'a rien dit, quelque chose dont le projet de loi devait parler*, et qui me sera fort utile quand je raisonnerai au point de vue de la fraude. Du reste, il est bien entendu que l'on défendra le gouvernement en présence de la population;

car je ne suppose pas que pour maintenir, à soixante-dix lieues de la frontière, le gouvernement que l'on veut éloigner des éventualités d'une invasion, on imagine, plus tard, de déporter les habitans. Or, après l'avènement de l'enceinte continue, la ville ou plutôt la place de Paris aura douze lieues de tour, et renfermera treize cent mille habitans. Suivez à l'œuvre le commandant d'une telle place.

Le talent et le courage ne suffisent point à la défense d'une place assiégée; il faut encore que la vigilance du commandant ne puisse, dans aucun cas, être mise en défaut. C'est la condition de toutes les places de guerre existant aujourd'hui; nulle part le développement du périmètre n'est tel que le commandant ne puisse, en quelques minutes, se porter sur un point donné, ou y envoyer ses ordres. Mais ici, en admettant, ce que j'admets sans difficulté, que le chef de la défense laisse à d'autres le soin de relier entre elles les opérations des ouvrages extérieurs et celles de l'enceinte continue; en admettant, ce que je n'admets pas, que l'action personnelle du commandant se puisse réduire à la visite quotidienne de tous les points de l'enceinte continue, il sera tenu de faire, chaque jour, un voyage de douze lieues dont la durée dépendra des incidens de la visite, et pendant lequel il se trouvera constamment à quatre lieues de l'un des points de sa ligne d'opération ! N'oublions pas qu'il s'agit d'une place assiégée, et qu'après la reddition des forts détachés, l'enceinte continue sera menacée, sinon attaquée, sur tous les points à la fois. Ajoutez à cela que le Paris d'alors ne pourra, plus que celui d'aujourd'hui, être traversé par ses diamètres mathématiques.

Voulez-vous déléguer aussi le voyage quotidien pour retenir le commandant dans une position qui lui permette d'opérer, avec une égale promptitude, sur tous les points de sa ligne de défense? Dans ce cas, il ne verra rien par lui-même ; car sa place sera au centre de l'enceinte continue, c'est-à-dire à deux lieues en arrière de sa ligne d'opération !

A cela on répond que le commandant de Paris aura de nombreux lieutenans. Personne n'en doute ; mais on oublie que la monarchie absolue a été inventée pour la guerre : nul autocrate couronné n'est investi, de fait, du pouvoir exorbitant nécessairement dévolu au commandant d'une ville assiégée : il peut au besoin faire sauter la ville ; et, dans tous les cas, la responsabilité, qui se divise en politique, repose entièrement et de tout son poids sur la tête et, qui plus est, sur l'honneur du commandant d'une place assiégée. Oui, sans doute, il a des lieutenans, des mandataires de sa volonté; mais, à raison de la formidable responsabilité du commandant, leur pouvoir est sans cesse obligé de remonter à sa source. Donnez cent lieutenans au commandant d'une place assiégée, vous aurez fait un Briarée, vous n'aurez pas doublé la tête.

Et s'il arrive que le chef suprême de la défense se trouve contrarié dans ses opérations, soit par la présence du roi, soit par l'intervention du ministre de la guerre ! le commandant veut avoir recours à une mesure extrême ; le ministre s'y oppose, et la place est prise ! à qui la responsabilité ? Si la France tombe avec Paris, le ministre aura pour châtiment les récompenses de l'ennemi ; mais si la France ne tombe pas ?

Les inconvéniens inévitables du développement désordonné de la place n'atteindront pas seulement la personne du commandant; les mêmes difficultés se reproduiront dans le déplacement des troupes, et dans le service de l'arsenal et des poudres.

En ce qui concerne le déplacement des troupes, qui pourtant ne sera point aperçu du dehors, l'ennemi pourra, quand il le voudra, tourner à son profit l'embarras du dedans. Supposez la brèche ouverte aux deux extrémités du même diamètre. Il fait nuit : vous n'apercevez pas plus les mouvemens de l'ennemi qu'il n'aperçoit les vôtres ; mais il a pour lui l'avantage de l'agression ; il connaît sa pensée, vous ne la connaissez pas. L'assaut est donné par les deux brèches : l'un est sérieux, l'autre n'est qu'une fausse attaque ayant pour objet de protéger l'assaut réel. Quel est l'assaut réel? Quel est l'assaut simulé? L'un avorte, par la volonté des assiégeans, tandis que l'autre est poussé avec vigueur. Que fait le commandant? Il quitte le point dégagé et le dégarnit en partie au profit du point où l'ennemi tient bon. Le commandant et son renfort font quatre lieues! Mais l'avortement était lui-même une feinte; après le départ du commandant et de son monde, l'assaut réel recommence avec un nouvel acharnement. On fait quatre lieues pour donner au commandant avis de ce qui se passe! Il en fait quatre à son tour pour revenir, avec des troupes, sur le point sérieusement menacé! Vous aurez une réserve au centre; votre réserve répartira la difficulté; elle ne l'atténuera pas.

Quant au service de l'arsenal et des poudres, je me borne, pour le moment, à rappeler que le point le plus rapproché de tous les points d'un périmètre, circulaire ou non, est le centre, et qu'ici, le centre est à deux lieues de tous les points de l'enceinte continue!

Un illustre député a proposé de placer les poudres dans le fort Valérien. M. Thiers n'a rien répondu, par la raison que cette disposition est excellente si l'appareil Thiers doit opérer en dedans et non en dehors. Mais le député dont je parle est l'homme de France auquel il est le moins possible d'attribuer une telle pensée : il n'a pas remarqué qu'à raison de cet arrangement, l'enceinte continue pourrait tomber avant les forts; car elle défendrait tout, à l'exception de ses moyens de défense. L'inadvertance est manifeste : c'est une aberration introduite, par une dextérité de premier ordre, dans une intelligence de l'ordre le plus élevé; c'est une ombre anormale projetée sur le soleil par le char, très-anormal, d'un moderne Phaéton.

Du reste, la Chambre, qui s'était épuisée à l'inspection des courtines et des bastions, n'a pas songé à reporter sa sollicitude sur les poudres. Cependant, il y a là une question de la compétence du *cœur* : c'est celle que M. Thiers a éludée dans le texte de la loi et dans ses discours. Nous la retrouverons plus loin.

Une autre question, non moins grave pour *le cœur*, c'est celle que doit soulever l'épuisement des approvisionnemens de bouche. Une défense opiniâtre est matériellement impossible si le commandant ne peut, le cas échéant, se défaire des bouches inutiles. Ici l'inutilité à expulser se composerait d'un million d'individus! Gardez ce million de fâcheux, vous compromettez la défense : renvoyez-le, vous ne défendez plus *la ville* que vous deviez sauver par le moyen qui doit sauver le gouvernement et notre nationalité.

J'admets enfin que toutes les difficultés soient vaincues : la place est dégagée, le gouvernement est sauf, et vous n'avez expulsé personne. Que sont devenues les personnes que vous n'avez pu expulser, et les bâtimens publics et privés que vous n'avez pu garantir des effets du bombardement ?... Et c'est pour arriver à ce résultat que vous voulez incarner notre nationalité dans la personne de ses représentans, incruster les représentans dans leurs chaises curules, et sceller les chaises curules à la place où elles se trouvent ! C'est pour vous procurer gratuitement les immenses difficultés que présentera la défense d'une place dotée de douze lieues de tour et de treize cent mille habitans, que vous voulez interrompre l'action gouvernementale, affaiblir quatre-vingt-cinq départemens, et donner à la royauté la compétition d'un gouvernement provisoire !

Résumé.

Jusqu'à présent, j'ai pris au sérieux le système dit de défense : j'ai demandé, à la politique et à la guerre, par quel moyen la frontière intérieure viendrait en aide à notre nationalité et au gouvernement; deux absurdités se sont chargées de la réponse.

Mais M. Thiers n'est pas en démence : s'il paraît avoir procédé à l'inverse du sens commun, il faut que ses contre-sens apparens aient leur rationalité dans l'ombre; l'heure est donc venue de raisonner au point de vue de la fraude.

Au point de vue de la fraude, l'absurdité politique ne laisse rien à désirer : il est incontestable, puisque l'interruption de l'action gouvernementale va directement contre l'intérêt du pays et du gouvernement, qu'il s'agit de trahir l'un ou l'autre. L'absurdité militaire laisse quelque chose à désirer, en ce sens qu'on ne voit pas encore comment l'appareil Thiers pourra se tourner contre la liberté.

La chose est faite; l'enceinte bastionnée, qui a toutes ses embrasures sur la campagne, est elle-même tournée contre nous.

Les aveugles qui croient à la complète innocence du projet Thiers, prennent l'enceinte continue pour l'auxiliaire des forts détachés. Que l'auxiliaire soit un complément ou une superfétation, cela ne les regarde pas; *le cœur* dit que M. Thiers ne peut ni faire le mal ni mal faire.

Les aveugles qui croient au mérite du projet, en admettant, ou qu'il peut cacher un piége, ou qu'il est possible d'en abuser, prennent l'enceinte continue pour un moyen de résister à l'agression des forts.

Enfin, les initiés, de droit et de fait, savent que l'enceinte continue est le *laissez-passer* des forts, et qu'on profitera des forts pour faire passer autre chose.

En ce qui concerne les forts, la pensée hostile du premier projet se montrait trop à découvert : c'était la paix Guizot au dedans; c'était la camisole de force dans toute sa rudesse. M. Thiers a imaginé de doter la camisole de force d'une doublure insignifiante au point de vue de la résistance intérieure. Cette doublure, c'est l'enceinte continue. Pourquoi est-elle insignifiante au point de vue de la résistance intérieure? parce qu'ainsi l'ont voulu les aveugles défians. L'opinion, qui compte sur l'enceinte pour éteindre les feux des forts, a craint que l'enceinte elle-même ne leur devînt adverse. On se rappelle les dissertations de la presse sur la nécessité de ne pas *fermer à la gorge* les bastions de l'enceinte continue! C'est précisément ce que voulait M. Thiers, par la raison toute simple que, dans les villes de guerre, les batteries accessibles au public sont désarmées en temps de paix. L'agression ministérielle est impossible lorsque l'étranger en armes menace la patrie commune; si elle doit être tentée, ce sera en temps de paix, c'est-à-dire lorsque l'enceinte continue se trouvant à l'état de promenade, les forts se retrouveront dans la condition que semble leur avoir fait perdre l'enceinte.

Peut-être dira-t-on que, désarmée, l'enceinte aura encore l'avantage de masquer le feu des forts. Si les forts sont assez près des faubourgs pour y lancer des bombes, ils pourront, s'ils le veulent, y envoyer des boulets de plein fouet. Mais les forts n'ont nullement besoin de tirer sur la ville : leur mérite est ailleurs; ils soumettront la ville sans faire tomber une ardoise. Ne voyez-vous pas que, pour être utiles contre l'ennemi du dehors, il faut nécessairement qu'ils puissent croiser leurs feux? Eh bien! ils croiseront leurs feux, et bloqueront l'ennemi du dedans. On s'évertue à mesurer la distance des barrières aux forts! mesurez la distance qui sépare les forts l'un de l'autre : voyez si le boulet de l'un peut joindre le boulet de l'autre; la question est dans *le cercle de feu.*

J'admets maintenant que l'enceinte continue se trouve armée ; qu'en ferez-vous? vous retournerez les pièces, et vous tirerez à découvert comme en rase campagne? Sur quoi tirerez-vous? sur les maisons qui vous feront face? Mais pour tirer utilement, il faut tirer logiquement : à quoi cela vous mènera-t-il de démolir les maisons qui vous feront face? Voulez-vous déplacer à bras les pièces de siége? vous le pouvez; mais les forts détachés enverront contre vous des pièces attelées et bien autrement faciles à manœuvrer que des affûts de siége.

Par la même considération, on peut affirmer que, dans les mains du gouvernement, l'enceinte continue ne jettera sur la ville ni une bombe ni un boulet. D'ailleurs, pour que l'artillerie soit puissante dans un amas de bâtimens, il faut qu'elle enfile les grandes lignes de communication ; si les ministres plaçaient leurs pièces de siége en face des grandes lignes qui aboutiront aux remparts, la population insurgée les laisscrait fonctionner aux débouchés des remparts, et elle irait fonctionner dans l'intérieur de la ville. L'insurrection rentrerait, quant aux moyens de répression, dans la condition de celles que nous avons vues.

Je le répète, l'enceinte continue est impuissante *par elle-même;* la Chambre, eût-elle prolongé son inspection militaire, n'aurait rien trouvé de blâmable sur ce point. Cependant l'enceinte continue cache un piége : elle ne peut jeter ni boulets ni

bombes dans la ville; mais elle y introduira, forcé-
ment et logiquement, quelque chose qui jette tout
cela. En un mot, l'enceinte, qui n'a pas l'hostilité
des forts, porte mieux que cela dans ses flancs!

M. Thiers n'a pas dit ce qu'il ferait de ses
canons quand la place sera désarmée. Où placerez-vous également vos projectiles, vos pièces
de rechange, vos ateliers, et tout ce qui consti-
tue le matériel d'un arsenal? Où placerez-vous
enfin l'énorme approvisionnement de poudre que
réclame votre gigantesque armement? au dehors?
Vous reconnaissez donc que vous n'avez point en
vue l'ennemi du dehors? J'admets très-volontiers
qu'en temps de paix, de paix pour Paris, vous fas-
siez sortir de la place vos poudres et même tout
votre attirail de guerre; mais, sur ce point
comme sur les autres, vous ne pouvez atten-
dre l'approche de l'ennemi pour vous prémunir
contre les éventualités d'un siége. Ainsi, votre
arsenal doit s'élever d'avance, en prévision des
éventualités de la guerre; et, la guerre finie, il
devra rester debout, en prévision des éventualités
de l'avenir.

Mais, vous le savez, et, au besoin, Saint-Jean
d'Ulloa et Saint-Jean d'Acre seraient là pour
vous l'apprendre, il suffit d'une bombe heureuse
pour faire sauter une forteresse, et livrer ses débris aux assiégeans. Il importe donc, quand

la chose est possible, que les poudres de siége soient placées hors de la portée du feu ennemi. Ce que vous savez certainement, c'est que le diamètre de votre enceinte continue vous permet, et par conséquent vous commande, de placer votre arsenal à plus d'une portée de bombe *en deçà* de l'enceinte.

Ce n'est pas tout, et c'est ici qu'apparaît le mérite de la concession que vous avez faite aux avèugles en leur donnant l'enceinte continue. Dans une place de guerre, dans une ville qui peut être assiégée, il faut aussi, quelque dégagé que l'on soit de toutes préoccupations politiques, se prémunir contre les violences de l'intérieur. Le patriotisme le plus ardent n'est pas toujours disposé à mourir de faim ; tel, d'ailleurs, qui résiste de sa personne aux misères d'un siége, se laisse abattre par le dénûment et le désespoir de sa famille. On doit donc tenir compte des éventualités d'une insurrection qui tendrait à faire capituler la place; en un mot, il est indispensable d'armer l'arsenal.

Pensez-vous qu'avec un petit nombre de bouches à feu, votre arsenal puisse se garder des agressions de la faim ? Je l'admets ; mais vous admettrez à votre tour que la garnison ne doit pas se rendre, par cela seul que l'ennemi aurait pénétré dans le corps de la place. Une forteresse de quelque importance est armée, dans l'intérieur, d'un dernier retranchement : ce dernier retranchement, c'est le désespoir qui le défend; c'est la victoire qui l'attaque. Votre arsenal devra donc, au lieu du faible armement qui n'aurait pour objet que de repousser les assiégeans du dedans, recevoir l'armement le plus formidable en vue d'arrêter l'ennemi victorieux. Alors il changera de nom, et, à raison du développement désordonné de la place, il deviendra lui-même une forteresse. Cette forteresse, qui ne peut après la guerre rentrer dans l'arsenal qu'elle recouvre, qui doit être placée à plus d'une portée de bombe *en-deçà* de l'enceinte continue, qui doit être construite en vue de seconder le dernier effort des assiégés et de repousser le dernier effort de l'ennemi ; cette forteresse qui aura, sur toutes les forteresses politiques, l'avantage d'être armée au point de vue de la guerre, vous l'appellerez une citadelle !

Oui, monsieur, vous avez dans les annexes de votre projet une citadelle permanente et formidable ; car elle est la conséquence forcée du développement de votre enceinte, et si la puissance du fait accompli ne suffisait point à l'introduire dans la place, la logique elle-même viendrait en aide au cheval de Troie.

Niez-vous la citadelle ? vous reconnaissez que votre système de fortification n'est pas *un moyen de défense.* Avouez-vous la citadelle? vous reconnaissez qu'elle n'est pas innocente. Cette indication ressort, non de vos paroles, mais de votre mutisme : par cela seul que vous vous êtes abstenu de parler au public du complément logique de votre système de défense, il est évident que le complément logique renferme une pensée déceptionnelle, et que votre paix armée est la paix Guizot moins l'audace.

Quant à la place de votre citadelle, elle est marquée par la nature des choses : vous l'élèverez là où vous avez élevé la colonne de juillet. Alors, le passé renaîtra de ses cendres ; le coq qui chante fera place à l'autre ; les aveugles ouvriront les yeux ; et M. le ministre des affaires étrangères pourra mander à ses amis du dehors : « L'ordre règne dans » Paris ; le génie de la liberté est à la Bastille ! »

— Oui ; mais il a des ailes, et Spartacus n'est pas loin...

Ce qu'il faut faire.

Tout ce qu'il y a d'irrationel dans le projet Thiers tient à ce que l'auteur a voulu revêtir un moyen d'agression des apparences d'une mesure conservatoire. La double question de la défense du gouvernement et de la ville de Paris deviendra d'une extrême simplicité quand, d'une part, on l'aura purgée de la pensée de trahison, et que, de l'autre, on aura reconnu qu'il faut statuer séparément sur la défense du pouvoir central, au point de vue politique, et sur la défense de Paris, au point de vue militaire.

On sera d'accord sur le système à adopter pour la défense de Paris, le jour où l'on aura reconnu que, dans aucun cas, le roi et les Chambres ne doivent se trouver sous la clef de l'étranger. Le système de M. le maréchal Soult convient parfaitement : en permettant aux maçonneries politiques de M. Thiers de prendre la place de ses camps retranchés, M. le ministre de la guerre a confondu le plus et le mieux. Ici, le mieux n'existait pas, et le plus était contraire au bien. J'entends *le bien* au point de vue consciencieux, au point de vue de la défense de Paris ; je reconnais qu'au point de vue liberticide de MM. Thiers et Guizot, leurs maçonneries devraient être préférées. Si, dans cette circonstance, M. le maréchal Soult a manqué de *dextérité*, c'est qu'il n'a pas su deviner une pensée honteuse. Malgré les quolibets de gens qui n'entendent que les mots, mieux valait, ici, recevoir que jeter l'apostrophe.

Quant aux mesures qui doivent rendre efficace la translation éventuelle et provisoire du gouvernement central, elles ne présentent aucune difficulté. Que la couronne soit ou non investie du pouvoir dictatorial, que les Chambres suivent ou non le roi et les ministres, il suffit d'approprier une ville de l'intérieur, et dans l'hypothèse du plus grand déplacement, aux nécessités d'une résidence gouvernementale. Ce point réglé, le reste est une affaire de détail du ressort de l'administration des relais et de l'administration des télégraphes. Aujourd'hui, le réseau des relais et le réseau des lignes télégraphiques ont pour attache commune la ville de Paris : modifiez d'avance, sur le papier, le réseau des relais et le réseau des lignes télégraphiques, de manière à rapporter l'un et l'autre au centre éventuel de l'action gouvernementale. Vous ferez, pour le compte du gouvernement, et avec son secours, ce que les quatre-vingt-cinq départemens abandonnés feraient pour leur compte, et sans le secours de personne, si l'action gouvernementale s'arrêtait aux portes de Paris. Le choix de la résidence éventuelle est également facile. Choisissez ou construisez *ad hoc*; faites, si vous le voulez, une forteresse imprenable ; mais à condition que le pouvoir dirigeant optera entre une nouvelle résidence ou nos rangs, si, par impossible, la résidence de guerre était à son tour menacée d'un siége. Encore une fois, c'est l'action gouvernementale qu'il s'agit de sauver, si l'on veut réellement venir en aide à notre existence politique et à la royauté.

On a dit qu'en quittant Paris, le pouvoir dirigeant jetterait le découragement dans la France. Oui, peut-être, s'il partait à l'improviste et en désordre ; non, si la translation s'opère en vertu d'une loi promulguée d'avance, et quand il sera connu de tous que le pouvoir dirigeant n'abandonne les facilités gouvernementales de Paris que pour les retrouver ailleurs.

On a dit, aussi, qu'en quittant Paris, le gouvernement laisserait le champ libre à ses ennemis. En quittant Paris le gouvernement déplacerait le champ dont on veut parler. A quoi se réduisent, en définitive, les moyens d'action du gouvernement ? A la malle-poste et au télégraphe, que le gouvernement emporterait dans sa nouvelle résidence.

FIN.

IMPRIMERIE DE Mme Ve DONDEY-DUPRÉ, rue Saint-Louis, 46, au Marais.